KB220690

무량공덕18 　　　　　　　무비스님 편저

무
상
법
문
집

장경각

독송(讀誦) 공덕문(功德文)

부처님은 범인(凡人)이 흉내 낼 수 없는 피나는 정진(精進)을 통해 큰 깨달음을 이루신 인류의 큰 스승이십니다. 그 깨달음으로 삶과 존재의 실상(實相)을 바르게 꿰뚫어 보시고 의미 있고 보람된 삶에 대하여 가르치셨습니다.

부처님의 가르침을 전하는 사람을 법사(法師)라고 하는데, 법화경(法華經) 법사품(法師品)에는 다섯 가지 법사에 대하여 설파하고 있습니다. 그 첫째는 경전을 지니고 다니는 사람, 둘째는 경전을 읽는 사람, 셋째는 경전을 외우는 사람, 넷째는 경전을 해설하는 사람, 다섯째는 경전을 사경하는 사람입니다. 이 중 한 가지만 하더라도 훌륭한 법사이며, "법사의 길을 행하는 사람은 부처님의 장엄(莊嚴)으로 장엄한 사람이며, 부처

님께서 두 어깨로 업어주는 사람이다." 라고 말
씀하고 있으니 세상을 살아가면서 이보다 더 큰
보람과 영광이 어디에 있겠습니까?

　이번에 제작된 〈무량공덕 독송본〉은 항상 지
니고 다니면서 읽고 베껴 쓸 수 있는 경전입니
다. 부디 많은 분들이 이 인연 공덕에 함께 하시
어 큰깨달음 이루시고 행복하시기를 기원합니다.

독송공덕수승행　무변승복개회향
讀誦功德殊勝行　無邊勝福皆廻向(독송한 그 공
덕 수승하여라, 가없는 그 공덕 모두 회향하여)

보원침익제유정　속왕무량광불찰
普願沈溺諸有情　速往無量光佛刹(이 세상 모든
사람 모든 생명, 한량없는 복된 삶 누려지이다.)

　　　　불기2549(2005)년 여름안거
　　　　금정산 범어사　如天 無比 합장

4

차례

송 경 의 식

◇ 淨口業眞言

정구업진언 (입으로 지은 죄업을 깨끗이 하는 진언)

수리수리 마하수리 수수리 사바하 (세번)

◇ 五方內外安慰諸神眞言

오방내외안위제신진언 (모든 신을 편안케 하는 진언)

나무 사만다 못다남 옴 도로도로 지미 사바하 (세번)

9

개경게 (경을 펼치는 게송)

무상심심미묘법
無上甚深微妙法

부처님의 법은 가장 높고
가장 깊고 가장 미묘해서

백천만겁난조우
百千萬劫難遭遇

수억만년의 오랜 세월 동안에도
만나뵙기 어렵지만

아금문견득수지
我今聞見得受持

저는 이제 불법을 듣고
경전을 보고 간직하오니

원해여래진실의
願解如來眞實義

원컨대 부처님의 진실한 뜻을
잘 알게 해 주십시오

개법장진언

옴 아라남 아라다 (세 번)

10

영가전에

영가시여 저희들이 일심으로 염불하니

무명업장 소멸하고 반야지혜 드러내어

생사고해 벗어나서 해탈열반 성취하사

극락왕생 하옵시고 모두성불 하옵소서

사대육신 허망하여 결국에는 사라지니

이육신에 집착말고 참된도리 깨달으면

모든고통　벗어나고　부처님을　친견하리

살아생전　애착하던　사대육신　무엇인고

한순간에　숨거두니　주인없는　목석일세

인연따라　모인것은　인연따라　흩어지니

태어남도　인연이요　돌아감도　인연인걸

그무엇을　애착하고　그무엇을　슬퍼하랴

몸뚱이를　가진자는　그림자가　따르듯이

일생동안　살다보면　죄없다고　말못하리

죄의실체　본래없어　마음따라　생기나니

마음씀이　없어질때　죄업역시　사라지네

죄란생각　없어지고　마음또한　텅비워서

무념처에　도달하면　참회했다　말하리라

한마음이　청정하면　온세계가　청정하니

모든업장　참회하여　청정으로　돌아가면

13

영가님이　가시는길　광명으로　가득하리

가시는길　천리만리　극락정토　어디인가

번뇌망상　없어진곳　그자리가　극락이니

삼독심을　버리고서　부처님께　귀의하면

무명업장　벗어나서　극락세계　왕생하리

제행은　무상이요　생자는　필멸이라

태어났다　죽는것은　모든생명　이치이니

임금으로　태어나서　온천하를　호령해도

결국에는　죽는것을　영가님은　모르는가

영가시여　어디에서　이세상에　오셨다가

가신다니　가시는곳　어디인줄　아시는가

태어났다　죽는것은　중생계의　흐름이라

이곳에서　가시면은　저세상에　태어나니

오는듯이　가시옵고　가는듯이　오신다면

이 육신의　마지막을　걱정할것　없잖은가

일가친척　많이있고　부귀영화　높았어도

죽는길엔　누구하나　힘이되지　못한다네

맺고쌓은　모든감정　가시는길　짐되오니

염불하는　인연으로　남김없이　놓으소서

미웠던일　용서하고　탐욕심을　버려야만

청정하신　마음으로　불국정토　가시리라

삿된마음 멀리하고 미혹함을 벗어나야

반야지혜 이루시고 왕생극락 하오리다

본마음은 고요하여 옛과지금 없다하니

태어남은 무엇이고 돌아감은 무엇인가

부처님이 관밖으로 양쪽발을 보이셨고

달마대사 총령으로 짚신한짝 갖고갔네

이와같은 높은도리 영가님이 깨달으면

생과사를　넘었거늘　그무엇을　슬퍼하랴

뜬구름이　모였다가　흩어짐이　인연이듯

중생들의　생과사도　인연따라　나타나니

좋은인연　간직하고　나쁜인연　버리시면

이다음에　태어날때　좋은인연　만나리라

사대육신　흩어지고　업식만을　가져가니

탐욕심을　버리시고　미움또한　거두시며

사견마져 버리시어 청정해진 마음으로

부처님의 품에안겨 왕생극락 하옵소서

돌고도는 생사윤회 자기업을 따르오니

오고감을 슬퍼말고 환희로써 발심하여

무명업장 밝히시면 무거운짐 모두벗고

삼악도를 뛰어넘어 극락세계 가오리다

이세상에 처음올때 영가님은 누구셨고

사바일생 마치시고 가시는이 누구신가

물이얼어 얼음되고 얼음녹아 물이되듯

이세상의 삶과죽음 물과얼음 같으오니

육친으로 맺은정을 가벼웁게 거두시고

청정해진 업식으로 극락왕생 하옵소서

영가시여 사바일생 다마치는 임종시에

지은죄업 남김없이 부처님께 참회하고

한순간도　잇지않고　부처님을　생각하면

가고오는　곳곳마다　그대로가　극락이니

첩첩쌓인　푸른산은　부처님의　도량이요

맑은하늘　흰구름은　부처님의　발자취며

뭇생명의　노랫소리　부처님의　설법이고

대자연의　고요함은　부처님의　마음이니

불심으로　바라보면　온세상이　불국토요

범들의　마음에는　불국토가　사바로다

애착하던　사바일생　하룻밤의　꿈과같고

나다너다　모든분별　본래부터　공이거니

빈손으로　오셨다가　빈손으로　가시거늘

그무엇에　얽매여서　극락왕생　못하시나

저희들이　일심으로　독송하는　진언따라

지옥세계　무너지고　맺은원결　풀어지며

아미타불 극락세계 상품상생 하옵소서

아미타불 본심미묘진언

다냐다 옴 아리다라 사바하 (세번)

관세음보살 멸업장진언

옴 아로륵게 사바하 (세번)

지장보살 멸정업진언

옴 바라 마니 다니 사바하 (세번)

불설왕생정토주

나무 아비다바야 다타아다야 다지야타

아미리 도 바비 아미리다 신담바비 아미리

다 비가란제 아미리다 비가란다 가미니

가가나 깃다가래 사바하 (세 번)

대광명진언

옴 아모카 바이로차나 마하무드라

마니파드마 쯔바라 프라 바릍타야 훔 (세번)

대방광불화엄경

약인욕요지 삼세일체불

응관법계성 일체유심조 (세번)

파지옥진언

옴 가라지야 사바하 (세번)

해원결진언

옴 삼다라 가닥 사바하 (세번)

상품상생진언

옴 마니다니 훔훔 바탁 사바하 (세번)

저희들이 지성으로 합장하고 머리숙여

부처님께 원하오니 대자비를 내리시어

금일영가 극락왕생 하시도록 굽어살펴

주시옵소서

나무 서방정토 극락세계 대자대비 아미타불

26

극락왕생 발원문

극락세계에 계시사 중생을 이끌어 주시는 아미타불께 귀의하옵고 그 세계에 가서 나기를 발원하옵나니 자비하신 원력으로 굽어 살펴 주시옵소서.

저희들이 네 가지 은혜 끼친 이와 삼계 중생들을 위하여 부처님의 위 없는 도를 이룩하려는 정성으로 아미타불의 거룩하신 명호를 외우며 극락세계에 가서 나기를 원하나이다. 업장은 두텁고 복과 지혜 엷사와 더러운 마음 물들기 쉽고 깨끗한 공덕 이루기 어렵기에 이제 부처님 앞에서 지극한 정성으로 예배하고 참회하나이다.

저희들이 끝없는 옛적부터 오늘에 이르도

록 몸으로 입으로 또 마음으로 한량없이 지은 죄와 한량없이 맺은 원수、 모두 녹여버리옵고 오늘부터 서원 세워 나쁜 짓 멀리하여 다시 짓지 아니하고 보살도를 항상 닦아 물러나지 아니하여 정각을 이루어서 중생을 제도하려 하옵나니、 아미타 부처님이시여 대자대비하신 원력으로 나를 증명하시며 나

를 어여삐 여기시며 나를 가피하시사 삼매

에서나 꿈속에서나 아미타불의 거룩하신 상

호를 뵈옵고 아미타불의 장엄하신 국토에

다니게 하시고 아미타불의 감로로 뿌려 주

시고 광명으로 비춰 주시고 손으로 만져 주

시고 옷으로 덮어 주심 입사와 업장은 소멸

되고 선근은 자라나고 번뇌는 없어지고 무

명은 깨어져서 원각의 묘한 마음 뚜렷하게

열리옵고 상적광토가 항상 앞에 나타나지이

다。또 이 목숨 마칠 때에 갈 시간 미리 알

아 여러 가지 병고액난이 몸에서 없어지고

탐·진·치 온갖 번뇌 마음에 씻은 듯이 육

근이 화락하고 한생각 분명하여 이 몸을 버

리옵기 정에 들듯 하옵거든、그때에 아미타

불께서 관음 세지 두 보살과 모든 성중 데
리고 광명놓아 맞으시며 손 들어 이끄시사
높고 넓은 누각들과 아름다운 깃발들과 맑
은 향기 고운 풍류 거룩하온 극락세계 눈앞
에 분명커든、 보는 이 듣는 이들 기쁘고 감
격하여 위없는 보리마음 다 같이 발하올 제
이내 몸 고이고이 금강대에 올라앉아 부처

님 뒤를 따라 극락정토 나아가서 칠보로 된

연꽃 속에 상품상생 하온 뒤에 불보살 뵈옵

거든 미묘한 법문 듣고 무생법인 깨치오며

제불을 섬기옵고 수기를 친히 받아 삼신사

지와 오안 육통과 백천 다라니와 온갖 공덕

이 원만하게 이루어지이다. 그런 후 극락세

계를 떠나지 아니하고 사바세계에 다시 돌

아와서 한량없는 분신으로 시방국토 다니면

서 여러 가지 신통력과 여러 가지 방편으로

무량중생 제도하여 탐·진·치 삼독 여의옵

고 깨끗한 참맘으로 극락세계 함께 가서 물

러나지 않는 자리에 오르게 하려 하오니 세

계가 끝이 없고 중생이 끝이 없고 번뇌 업

장이 모두 끝이 없사올재 이내 서원도 끝이

없나이다.

저희들의 지금 예배하고 발원하여 닦아지

닌 공덕을 온갖 중생에게 베풀어 주시어 네

가지 은혜 골고루 갚사옵고 삼계 유정무정

들 모두 제도하여 다 같이 일체 종지 이루

어지이다.

인과응보

인과응보 없다마소　생로병사　원인결과

물리법칙 자연순리　산은높고　물은깊네

사시절후 유전법과　기와운을　계산하는

사성진리 종교법인　인생사가　사주라네

사주팔자 다스림은　만물영장　인간이요

사주팔자 부정하면　신과자연　노예된다

인과응보 알아보세 현세지은 선악업보

현세받고 내세받고 무량억겁 후세받네

착한일을 하는사람 부귀당장 아니와도

재앙점점 물러나니 자손창성 아니올까

악한일을 하는사람 빈천당장 아니와도

재앙점점 다가오니 자손불화 아니올까

현세인과 알아보세 이십전은 부모인과

37

이십넘어　사십까지　과거지은　자기업보

사십넘어　육십까지　현세지은　자기과보

육십넘어　죽기까지　현세내세　거울이라

용서하고　참회하며　반성하고　정진하세

현세운명　현재마음　내가지어　내가받네

덕을닦아　종자뿌려　부부자손　화합하고

일가친척　우애하며　가꾸면은　풍년이라

마음닦고　효도하면　천지신명　보호하네

부모뿌리　남편줄기　자식열매　화목하세

부모에게　거름하면　남편자식　절로성공

뿌리불효　썩어지면　남편자식　죽는구나

단촐하다　좋다마소　다음생에　인과응보

친구권속　전혀없어　외로워서　고통받네

오순도순　화목한집　서로도와　만난인연

참회하고　반성하니　지상정토　이아닌가

부모남편　거역하며　원수맺고　저주하면

머리병을　앓게되고　백천가지　실패한다

친구권속　불화하고　저주하며　싫어하면

가슴병을　앓게되고　하는일이　아니된다

후배후손　미워하고　짜증내며　학대하면

잔병치레　자주하니　모든일이　고통이라

악담악설　시기질투　모진질병　앓게되고

하늘을　속인과보　불치병을　앓는구나

우선잠깐　좋다마오　두고보세　훗날보세

남의자식　미워하면　내자식이　말안듣네

원수맺어　원한이면　내자식이　평생실패

하늘에서　내린비는　땅에서　증발한것

곤란할때　베풀면은　내자식이　성공하고

참회하고　반성하면　내자식이　효도하네

성질내면　실패하고　화목하면　성공하고

콩심은데　콩이나고　팥심은데　팥이난다

착한자는　예뻐지고　악한자는　미워지며

수효하면　무병이요　방종하면　질병이라

오래살며　고통하면　부모지천　원인이요

병신자식　안았거든　부모불효　과보로다

오늘내가　빈천함은　인색함이　원인이요

자식인연　멀어지면　내가부모　멀리했다

남의고통　외면하고　악착같이　재물모아

자식주려　하였다면　어느날에　재가되어

허망한꼴　보게되며　친구자식　배신한다

상대방은　나의거울　그를통해　나를보라

빈천자를　보거들랑　내일같이　생각하여

부디바삐 공덕짓고 보시하며 정진하세

부귀공자 만나거든 베풀어서 그러하니

우리또한 공덕지어 부귀영화 누려보세

가진자를 질투마라 베풀어서 그러하고

없는자를 웃지마라 인색하면 그러하다

어린아이 보거들랑 너도그리 자랐으니

잘못한다 꾸중말고 가르치고 인도하면

수도하는　효자되고　자랑스런　자손되니

슬기로운　국민이요　풍요로운　국토된다

늙은이를　뵙거들랑　너도그리　늙을테니

노망한다　천대말고　자성법을　가르쳐서

법문듣고　공덕쌓아　동업인연　곱게맺어

염불하는　마음으로　극락세계　가게하소

내몸이다　내입이다　마음대로　하지마소

나의손이　도끼되고　나의발이　칼이되어

한을맺고　원수맺어　죽어다시　만난곳이

이세상의　부부자식　인과응보　이아닌가

한손에는　식량들고　한손에는　약병들어

원수맺고　빚진이들　갖은고통　풀어주며

보살도를　행하는자　부부자손　화합하니

존경받고　사랑받네　이아니　좋을손가

누구를　원망하고　누구를　탓하랴

지은자도　너였었고　받는자도　너이니라

오는고통　달게받고　종자다시　심어가꿔

세세생생　자손만대　좋은원인　좋은결과

가르치고　전하여서　부귀영화　자손창성

생사해탈　자유자재　전지전능　누려보세

인과모른　그사람은　주고받는　업장으로

윤회고만 증가하니 생사고통 끝이없고

염불하는 그사람은 주고받는 인연으로

윤회고가 소멸되니 극락세계 현전하네

짜증내고 원망하면 그게바로 지옥이고

감사하며 참회하면 서방정토 이아닌가

가정두고 어디가서 허송세월 보내는자

마음두고 어디가서 무얼찾아 헤매는가

마음하나 바로쓰면 세상천지 극락세계

마음하나 돌려쓰면 세상천지 화택이라

보살심을 내는자는 모든중생 보살이요

중생심을 내는자는 사대성인 악마로다

인과응보 부정하고 윤리도덕 배척하며

조상자손 멀리하는 인간동물 되지말자

조상부모 불신하고 형제친척 불화한자

두고보자 자손보다 멀리보면 알수있다

사바세계 뿌리치고 어느세계 갈것인가

동업인연 자성으로 숙업습기 소멸하고

사바세계 가꾸어서 지상천국 불국토를

우리함께 이뤄보세 동업인연 지어보세

업장소멸 발원하며 뼈와살을 깍아내는

굳은신심 정진으로 우리함께 성불하세

수도하고 효도하며 생사넘고 선악넘고

종교넘어 해탈세계 사차원의 마음고향

지상에다 건설하며 자성미타 함께하여

조상부모 모시면서 자손들을 가꿔보세

나무지장보살 마하살

마하반야 바라밀

원각경 보안보살장

보안보살이 대중 가운데 있다가 자리에서 일어나 부처님의 발 앞에 절하고、오른쪽으로 세 번 돌고 무릎을 꿇어 합장하고 부처님께 여쭈었다。

「대비하신 세존이시여、바라옵건대 여기 모인 여러 보살들과 말세의 모든 중생들을 위해서 보살이 수행할 차례를 말씀해 주옵소서. 어떻게 생각하고 어떻게 머무를 것이며, 중생들이 깨닫지 못하면 어떤 방편을 써야 널리 깨닫게 하오리까?

세존이시여, 만약 중생들이 바른 방편과 바른 생각이 없다면, 부처님이 말씀하신 삼매를 듣고도 마음이 아득하여 원각(圓覺)에 들어갈 수 없을 것이옵니다. 바라옵건대 자비를 베푸시어 저희들과 말세 중생들을 위해 간단히 방편을 말씀해 주옵소서.

이렇게 말하고는 오체(五體)를 땅에 던져 이와 같이 세 번 청하였다.

이 때 부처님은 보안보살에게 말씀하셨다.

「착하도다 착하도다. 선남자야, 그대들이 이제 보살들과 말세의 중생들을 위하여 여래의 수행하는 절차와 생각과 머무름과 또 가지 가지 방편을 묻는구나. 자세히 들어라. 그대들을 위해 말해 주리라.」

이때 보안보살이 분부를 받들고 기뻐하여 대중들과 함께 조용히 듣고 있었다.

선남자여、새로 공부하는 보살과 말세 중생이 여래의 청정한 원각의 마음(圓覺心)을 구하려면、바른 생각으로 모든 환(幻)을 멀리 여의어야 할 것이니라。

먼저 여래의 ①사마타(奢摩他)의 행에 의지하여、계율을 굳게 가지고、대중과 함께 살고、조용한 방에 단정히 앉아서 항상이런 생각을 하라。 지금 나의 이 몸은 ② 사대(四大)가 화합하여 된 것이다。 머리칼・터럭・손발톱・이・살갗・근육・뼈・골수・때・빛깔들은 모두가 흙으로 돌아갈 것이고、침・콧물・고름・피・진액・거품・가래・눈물・정기(精氣)・똥오줌은 모두가 물로 돌아갈 것이며、따뜻한 기운은 불로 돌

아갈 것이고、 움직이는 것은 바람으로 돌아

갈 것이다。

　四대가 각각 흩어지면 이제 이 허망한 몸

뚱이는 어디에 있을 것인가。 곧 알라。 이

몸은 끝내 실체가 없는 것이고 화합하여 형

상이 이루어졌으나 사실은 환(幻)으로 된

것과 같다。

네 가지 인연이 거짓으로 모여 망령되이

③ 六근이 있게 된 것이니라. 六근과 四대

가 합쳐서 안팎을 이룬 뒤에는 허망하게도

인연기운이 그 안에 쌓이고 모여 인연의 모

습(因緣相)이 있는 듯한 것을 거짓 이름하

여 <마음>이라 하느니라.

선남자여, 이 허망한 마음이 만약 ④六진

(塵)이 없으면 있지 못할 것이고、四대가

흩어지면 六진도 얻지 못할 것이니라。 그

중간에 인연(四대)과 티끌(六진)이 제각기

흩어져 없어지면 마침내 인연의 마음도 볼

수 없으리라。

선남자여、 중생들은 환(幻)인 몸뚱이가

멸하기 때문에 환인 마음도 멸하고、 환인

마음이 멸하므로 환인 경계(塵)도 멸하고, 환인 경계가 멸하기 때문에 환의 멸도 또한 멸하고, 환의 멸이 멸하므로 환 아닌 것은 멸하지 않나니, 비유하건대 거울에 때가 없어지면 광명이 나타나는 것과 같으니라.

선남자여, 분명히 알아라. 몸과 마음이 모두가 환의 때(幻垢)이니, 때가 아주 없어지면 시방세계가 청정함을 알지니라.

선남자야, 비유하건대 깨끗한 ⑤마니구슬 이 五색에 비치어서 방향마다 다른 빛깔이 나타나면 어리석은 사람들은 그 마니구슬을 보고, 실제로 오색이 있는 줄 아는 것과 같 느니라. 선남자여, 원각인 청정한 성품이 몸과 마음으로 나타나 종류에 따라 제각기

응하거늘, 어리석은 사람들은 청정한 원각에 실제로 그와 같은 몸과 마음의 모양이 있다고 여기는 것도 또한 그와 같은 것이니라。

이런 까닭에 환화(幻化)를 멀리할 수 없으므로、나는 몸과 마음을 <환의 때(垢)>라고 하노니、환의 때를 대하여 이를 여의면

보살이라 이름할 수 있느니라. 때가 다하여 대(對)할 것도 없어지면, 대(對)도 때(垢)도 없고 대니 때니 하는 이름도 없느니라.

선남자야, 이 보살과 말세의 중생들이 모든 환(幻)을 증득하여 영상이 멸해버렸기 때문에 이 때에 문득 끝없는 청정함을 얻나니、 끝없는 허공도 원각에서 나타난 바이니라。

그 깨달음이 원만하고 밝으므로 마음의 청정함이 드러나고、 마음이 청정한 까닭에 보이는 경계(塵)가 청정하고、 보이는 것이 청정하므로 눈이 청정하고、 눈이 청정한 까닭에 알음알이(眼識)가 청정하고、 알음알이가 청정한 까닭에 들리는 경계가 청정하고, 들리는 것이 청정한 까닭에 귀(耳根)가 청정하고, 귀가 청정한 까닭에 듣는 알음알이가 청정하고, 알음알이가 청정한 까닭에 느낌의 경계(覺塵)가 청정하나니, 이리하여 코(鼻)·혀(舌)·몸뚱이(身)·뜻(意)에 있어서도 또한 이와 같느니라。

선남자야, 눈이 청정하므로 빛이 청정하고, 빛이 청정하므로 소리가 청정하며, 향기와 맛과 감촉과 법진(法塵)도 또한 이와 같느니라。

선남자야, 六진(塵)이 청정하므로 지대가 청정하고, 지대가 청정하므로 수대(水大)가 청정하며, 화대(火大)、풍대(風大)도 이와 같느니라.

선남자야、 사대(四大)가 청정하므로 십이처(十二處)、 십팔계(十八界)、 이십오유(二十五有)가 청정하느니라。 이들이 청정하기 때문에 십력(十力)、 사무소외(四無所畏)、 사무애지(四無碍智)、 불십팔불공법(佛十八不共法)、 삼십칠조도품(三十七助道品)이 청정하며、 이와 같이 팔만사천 다라니문(陀羅尼門)도 모두 청정하느니라。

선남자야、 모든 실상(實相)은 성품이 청정한 까닭에 한 몸(一身)이 청정하고、한 몸이 청정하므로 여러 몸이 청정하며、여러 몸이 청정하므로 시방(十方) 중생의 원각도 청정하느니라。

선남자야, 한 세계가 청정하므로 여러 세계가 청정하고, 여러 세계가 청정하므로 마침내는 허공을 다하고 삼세를 두루 쌓아서 모든 것이 평등하고 청정해서 요동치 않느니라.

선남자야, 허공이 이와 같이 평등하여 움직이지 않기 때문에 각성(覺性)이 평등하여 움직이지 않으며、四대가 움직이지 않으므로 각성이 평등하여 움직이지 않으며、이와 같이 팔만사천 다라니문이 평등하여 움직이지 않는 줄 알지니라。

선남자야、각성이 두루 차고 청정하며 움직이지 않고 원만해 끝이 없으므로 육근(六根)이 법계에 가득한 것임을 알라。 육근이

두루 차므로 육진(六塵)이 법계에 두루 참

을 알고、육진이 두루 차므로 四대가 법계

에 두루 차며、이와 같이 팔만사천 다라니

문(陀羅尼門)이 법계에 두루 찬 것인 줄을

알지니라。

　선남자야、저 미묘한 각성(覺性)이 두루

찬 까닭에 근성(根性)과 진성(塵性)이 무너

짐도 섞임도 없으며、근과 진이 무너짐이 없으므로 다라니문이 무너짐도 섞임도 없는 것이니라。 마치 백 천개의 등불이 한 방에 비치면 그 빛이 두루 가득하여 무너짐도 섞임도 없는 것과 같느니라。

선남자야、깨달음을 성취한 보살은 법에 속박되지 않으며、법에서 벗어나기를 구하지 않으며, 나고 죽는 것을 싫어하지도 않으며, 열반을 좋아하지도 않으며, 계행 지키는 이를 공경하지도 않고, 계행 범한 이를 미워하지 않으며, 오래 수행한 이를 소중히 여기지도 않으며, 처음 배우는 이를 깔보지 않나니, 무슨 까닭인가 하면, 일체가 모두 원각이기 때문이니라。 이를테면,

안광(眼光)이 앞을 비춤에 그 빛은 원만하여 사랑도 미움도 없는 것과 같으니. 그것은 광명 자체는 둘이 아니어서 사랑과 미움이 없기 때문이니라.

선남자야, 보살과 말세의 중생이 이 마음을 닦아 성취하면 여기에는 닦을 것도 없고 성취할 것도 없으리니, 원각이 널리 비치고 적멸(寂滅)해서 둘(차별)이 없느니라.

거기에는 백천만억 아승지 말할 수 없는

항하의 모래 수 같은 모든 부처님 세계가

마치 허공꽃(空花)이 어지러이 피었다가 사

라지는 것 같아서 즉(卽)하지도 여의지도

않으며, 얽매임도 풀림도 없으리니, 중생이

본래 부처이고 생사와 열반이 지난 밤 꿈과

같은 줄을 알 것이니라.

선남자야, 지난 밤의 꿈 같으므로 생사와 열반이 일어남도 멸함도 없으며, 오는 것도 가는 것도 없느니라. 증득된 바가 얻을 것도 없고 잃을 것도 없으며, 취할 것도 없고 버릴 것도 없느니라. 또 증득하는 이가 일으킬 것(作)도 없고 멈출 것(止)도 없으며,

맡길 것(任)도 없고 멸할 것(滅)도 없느니라、이와 같은 증(證) 가운데는 능(能)도 없고 소(所)도 없어 마침내 증(證)할 것도 없고 증할 이도 없어서、모든 법의 성품이 평등하여 무너지지 않느니라。

선남자야、모든 보살들이 이와 같이 수행하고、이와 같이 정진하고、이와 같이 생각하고, 이와 같이 머무르고, 이와 같이 방편을 짓고, 이와 같이 깨달아야 되나니. 이와 같은 법을 구하면 아득하거나 답답하지 않으리라.

그 때에 세존께서 이 뜻을 거듭 펴시기 위하여 게송으로 말씀하셨다.

보안아, 그대는 마땅히 알라。

시방세계 모든 중생들

몸과 마음 모두 환(幻) 같아서、

몸뚱이는 四대로 이루어지고

마음은 육진(六塵)에 돌아감이라

四대 뿔뿔이 흩어지고 말면

어느 것이 화합된 것이런가。

이와 같이 차례로 닦아 나가면

모든 것이 두루 청정하여서

움직이지 않고 온 법계에 두루하리라.

짓고(作) 그치고(止) 맡기고(任)

멸(滅)할 것도 없고

또한 증득할 이도 없는 것이니

모든 부처님 세상일지라도

허공에 아물거리는 꽃과 같으리.

삼세가 모두 평등함이니

마침내 오고 감도 없는 것.

처음으로 마음 낸 보살이나

말세의 모든 중생들이

부처의 길에 들고자 한다면

이와 같이 닦고 익힐지니라.

광명진언

옴 아모가 바이로차나 마하 무드라 마니 파

드마 즈바라 프라파릍타야 훔

발원문

저희들이 지극한 마음으로 온 누리에 두

루 한 불·법·승 삼보님께 귀의하오며 광

대한 서원을 세우고 이제 원각경 보안보살

장을 독송하옵니다.

바라옵건대 온 누리의 모든 이웃들이 다

맑고 밝은 지혜와 덕성 갖추어지고 선망 부

모님들과 의롭게 살다 가신 선열들과 모든

애혼 고혼 불자들이 모든 고통 벗어나서 극

락 세계에 왕생하여지이다.

또한 이 경전을 보는 이 듣는 이들이 다

보리심을 내어 성불하여지이다。

나무아미타불 나무관세음보살 마하살

나무 지장보살 마하살

마하반야 바라밀

장 엄 염 불

극락세계십종장엄

極樂世界十種莊嚴

극락세계의 열 가지 장엄

법장서원수인장엄

法藏誓願修因莊嚴

법장 비구의 원을 세워 인행으로
장엄할 때

사십팔원원력장엄

四十八願願力莊嚴

마흔 여덟 원력으로 장엄했네

미타명호수광장엄

彌陀名號壽光莊嚴

아미타불의 명호로서 무량한 생명과
광명으로 장엄하고

三大士觀寶像莊嚴
삼대사관보상장엄

세 분 큰 스승의 지혜와 보배상호로 장엄하며

彌陀國土安樂莊嚴
미타국토안락장엄

아미타불 극락국토 안락장엄 이루었고

寶河淸淨德水莊嚴
보하청정덕수장엄

보배의 강물 청정하여 공덕수로 장엄했으며

寶殿如意樓閣莊嚴
보전여의누각장엄

여의주 보배들로 누각궁전 장엄하고

晝夜長遠時分莊嚴
주야장원시분장엄

낮과 밤이 아주 길어 시간세계 장엄했고

이십사락정토장엄

二十四樂淨土莊嚴

스물네 가지 즐거움으로 정토장엄 이루었고

삼십종익공덕장엄

三十種益功德莊嚴

서른 가지 이익으로 공덕장엄 했나이다.

석가여래팔상성도

釋迦如來八相成道

석가여래께서 성도하시는 여덟 가지 모습

도솔래의상

兜率來儀相

도솔천에서 코끼리를 타고 세상에 오시어 모태에 드시는 모습

비람강생상

毘藍降生相

四月 八日 룸비니 동산에서 드디어 탄생하는 모습

사문유관상 四門遊觀相

사대문을 구경하고 생의 무상을 깨달으신 모습

유성출가상 踰城出家相

二月 八日 한밤중에 성을 넘어 출가의 첫발을 시작하는 모습

설산수도상 雪山修道相

설산에서 六年 동안 고행하시는 모습

수하항마상 樹下降魔相

보리수 아래에서 도 깨치시고 八만 四천 마귀을 항복 받으시는 모습

녹원전법상 鹿苑轉法相

녹야원에서 다섯 비구를 위해 처음으로 설법하시는 모습

쌍림열반상
雙林涅槃相

二월 十五일 사라쌍수 아래서 열반에 드시는 모습

오종대은명심불망
五種大恩銘心不忘

명심하여 잊지 말아야 할 다섯 가지 큰 은혜

각안기소국왕지은
各安其所國王之恩

사회를 안정케하여 잘 살게 한 국가의 은혜

생양구로부모지은
生養劬勞父母之恩

낳아 기름에 수고하신 부모님의 은혜

유통정법사장지은
流通正法師長之恩

바른 법 일러주신 스승의 무거운 은혜

90

사사공양단월지은
四事供養檀越之恩

의식주 생활 돌봐주신 단월이 보시한 은혜

탁마상성붕우지은
琢磨相成朋友之恩

서로 닦고 가르쳐 이루게 한
좋은 벗의 고마운 은혜

당가위보유차염불
當可爲報唯此念佛

이 은혜를 갚기 위해
염불 발원하옵니다.

삼계유여급정륜
三界猶如汲井輪

삼계는 우물속의 두레박과 같으니

백천만겁역미진
百千萬劫歷微塵

백천만겁 지내 온 것 티끌과도 같아라.

차신불향금생도

此身不向今生度

금생에 이 몸이 도를 얻지 못하면

갱대하생도차신

更待何生度此身

어느 생에 다시 나서 이 몸을 제도하리.

아미타불재하방

阿彌陀佛在何方

아미타불 부처님은 어느 곳에 계시는가.

착득심두절막망

着得心頭切莫忘

마음 속에 깊이 새겨 한시라도 잊지 말면

염도염궁무념처

念到念窮無念處

생각하고 생각 다해 무념처에 이르러서

육문상방자금광
六門常放紫金光
어느 때나 온몸에서 자색금빛 빛나리라.

찰진심념가수지
刹塵心念可數知
시방세계 모든 먼지 몇 개인가 헤아리고

대해중수가음진
大海中水可飮盡
큰바다의 모든 물을 남김없이 마시어도

허공가량풍가계
虛空可量風可繫
저 허공의 크기 재고 바람 묶는 재주라도

무능진설불공덕
無能盡說佛功德
부처님의 크신공덕 말로 하지 못하리라.

원각산중생일수
圓覺山中生一樹

개화천지미분전
開花天地未分前

비청비백역비흑
非青非白亦非黑

부재춘풍부재천
不在春風不在天

청산첩첩미타굴
青山疊疊彌陀窟

원각의 산중에 한 그루의 나무

천지 나뉘기 전에 꽃이 피었나니

푸르지 않고 희지 않고 또한 검지도 아니하며

봄바람에도 있지 않고 하늘에도 있지 않도다

첩첩한 푸른 산은 암미타불 법당이요

94

창해망망적멸궁
滄海茫茫寂滅宮

망망한 넓은 바다 적멸보궁 도량이라.

물물염래무가애
物物拈來無罣礙

세상사의 모든 것이 마음 따라 걸림없네.

기간송정학두홍
機看松亭鶴頭紅

소나무위 학머리는 몇 번이나 보았던가.

사대각리여몽중
四大各離如夢中

사대 각각 흩어지는 것 꿈 가운데 일같고

육진심식본래공
六塵心識本來空

육진과 심식은 본래부터 공한지라.

욕식불조회광처
慾識佛祖回光處

불조께서 빛을 돌이킨 곳 알고자 하는가.

일락서산월출동
日落西山月出東

서산에 해지자 동녘에 달 뜨도다.

원공법계제중생
願共法界諸衆生

법계의 모든 중생 다함께 뜻을 세워

동입미타대원해
同入彌陀大願海

아미타불 원력바다 모두 한께 들어가서

진미래제도중생
盡未來際度衆生

미래세가 다하도록 중생구제 함께 하세.

96

자타일시성불도
自他一時成佛道

모든 중생 너나없이 무상불도 이룩하세.

의상조사 법성게

義湘祖師　法性偈

법성원융무이상
法性圓融無二相
법의 성품 원융하고 두생각에 안걸리니

제법부동본래적
諸法不動本來寂
모든법이 부동하여 고요하기 그지없다.

무명무상절일체
無名無相絶一切
이름에도 모습에도 어디에도 안걸려야

증지소지비여경
證智所知非餘境
모든것을 알아보는 참지혜를 얻게된다.

진성심심극미묘
眞性甚深極微妙
참성품은 깊디깊고 미묘하디 미묘하여

불수자성수연성
不守自性隨緣成
자기성품 고집않고 인연따라 나투운다.

일중일체다중일
一中一切多中一
하나안에 일체있고 일체안에 하나있어

일즉일체다즉일
一卽一切多卽一
하나가곧 일체이며 일체가곧 하나이다.

일미진중함시방
一微塵中含十方
한티끌은 온우주를 고스란히 머금었고

일체진중역여시
一切塵中亦如是
낱낱티끌 각각마다 온우주를 품었구나.

무량원겁즉일념
無量遠劫卽一念

끝도없이 긴긴세월 무량겁이 찰나이고

일념즉시무량겁
一念卽是無量劫

찰나가곧 긴긴세월 한량없는 겁이로다.

구세십세호상즉
九世十世互相卽

세간들과 출세간이 서로함께 어울려도

잉불잡란격별성
仍不雜亂隔別成

혼란없이 정연하고 뚜렷하게 구분된다.

초발심시변정각
初發心時便正覺

처음발심 한마음이 바른깨침 이룬때요

생사열반상공화
生死涅槃相共和

생사경계 열반경계 항상서로 화합한다.

100

이사명연무분별
理事冥然無分別
근본진리 현상계가 따로없고 하나이니

십불보현대인경
十佛普賢大人境
부처님과 보현보살 모든성현 경계로다.

능인해인삼매중
能仁海印三昧中
넓고깊은 해인삼매 오롯하게 이루어야

번출여의부사의
繁出如意不思議
불가사의 무궁한법 빠짐없이 드러난다.

우보익생만허공
雨寶益生滿虛空
보배비가 중생위해 하늘가득 내려오나

중생수기득이익
衆生隨器得利益
중생들은 그릇따라 이로움을 얻는다네.

시고행자환본제

是故行者還本際

이러하니 수행자는 근본으로 돌아가서

파식망상필부득

叵息妄想必不得

망상을 안 쉬려도 안 쉴 길 바이 없네.

무연선교착여의

無緣善巧捉如意

무인연의 좋은방편 마음대로 자재하면

귀가수분득자량

歸家隨分得資糧

보리열반 성취하는 밑거름을 얻음일세.

이다라니무진보

以陀羅尼無盡寶

이말씀의 무진법문 한량없는 보배로써

장엄법계실보전

莊嚴法界實寶殿

온법계를 장엄하고 보배궁전 이루어서

궁좌실제중도상

窮坐實際中道床

구래부동명위불

舊來不動名爲佛

결국에는 진여법성 중도자리 깨달아서

부동자리 돌아가면 이가바로 부처일세.

무상계

무상계자는 열반에 들어가는 문이요、고
해를 건너가는 자비의 배이니라。

이런 절차로 일체 모든 부처님이 이 계로
인하여 열반에 드시고 일체 모든 중생들이
이 계로 인하여 고해를 건너가나니、

○○영가여! 오늘 그대는 육근(六根‥눈‥

귀·코·혀·몸·뜻)과、六塵(육진 : 빛·소리·향기·맛·닿치는 것·법)을 벗어나서 신령스러운 식(識)이 뚜렷하게 드러나 부처님의 위없는 거룩한 계를 받으니 어찌 다행치 아니하리오.

○○영가여! 겁의 불이 크게 타서 대천세계가 모두 무너지고 수미산과 큰 바다가

갈려 없어져 나머지가 없나니, 하물며 이 몸이 생(生)·노(老)·병(病)·사(死)와 근심 (憂悲)·고뇌(苦惱)로 된 것이니 무너지지 아니할 수 있는가.

○○영가여! 머리털과 손톱과 이빨과 가죽과 살과 힘줄과 뼈와 해골과 때낀 것은 모두 땅으로 돌아가고, 가래침과 고름과 피

와 진액과 침과 눈물과 모든 정기와 대변
소변은 모두 물로 돌아가고、 더운 기운은
불로 돌아가고、 움직이는 기운은 바람으로
돌아가서　사대(四大‥땅‧물‧불‧바람)가
다 각각 서로 흐트러지나니 오늘날 그대의
없어진 몸이 어디에 있겠는가。

　○○영가여! 사대가 헛되고 거짓 것이니

아까울 것이 없나니라.

○○영가여! 그대가 비롯함이 없이 오늘까지 이르도록,

무명(無明)으로 행을 짓고,

행(行)으로 식을 짓고,

식(識)으로 명색을 짓고,

명색(明色)으로 육입을 짓고,

육입(六入)으로 촉을 짓고、

촉(觸)으로 수를 짓고、

수(受)로써 사랑하는 것을 짓고

사랑하는 것(愛)으로 취함을 짓고、

취하는 것(取)으로 있는 것을 짓고、

있는 것(有)으로 생을 짓고、

생(生)이 노(老)와 사(死)와 우비(憂悲)와

고뇌(苦惱)가 이루어 짐을 살피소서.

무명(無明)이 멸해야 행이 없어지고,

행(行)이 멸해야 식이 없어지고,

식(識)이 멸해야 명색이 없어지고,

명색(名色)이 멸해야 육입이 없어지고,

육입(六入)이 멸해야 촉이 없어지고,

촉(觸)이 멸해야 수가 없어지고,

수(受)가 멸해야 애가 없어지고,

애(愛)가 멸해야 취가 없어지고,

취(取)가 멸해야 유가 없어지고,

유(有)가 멸해야 생이 없어지고,

생(生)이 멸해야 노(老)와 사(死)와 우비

(憂悲)와 고뇌(苦惱)가 없어지나니라。

모든 존재는 본래부터 스스로 적멸한 모

습을 지녔나니、 불자가 이 법을 실행하면

오는 세상에 반드시 부처가 되리라。

　모든 행이 무상이라 나고 죽음이 모두 이

법속에 있도다、태어나고 죽는것이 모두 멸

해지면 비로소 열반의 즐거움을 가져오리。

　부처님 계(戒)를 의지하며、

법계(法戒)를 의지하며、

스님네 계(戒)를 의지하며、

과거의 보승여래이시며、

마땅히 공양받을 성인이시며、

모든 것을 바르게 다 아는 성인이시며、

밝은 지혜와 바른 행을 고루 갖추셨으며、

거룩한 열반에 드셨으며、

세상사 모든 일을 아시며、

인간 중 가장 높으시며、

스스로를 잘 다스리는 대장부이시며、

하늘과 땅의 스승이신 불세존께 귀의하소

서。

○○영가여! 심신의 굳은 껍질을 벗어버

리고 맑은 심령이 홀로 드러나서 부처님의

위없는 깨끗한 계를 받으니 어찌 기쁘지 아

니하리요.

천당과 부처님 국토에 마음대로 가서 나니 쾌활하고 기쁘지 않으리오. 서역으로부터 건너오신 조사의 뜻 당당하고 마음을 맑게 하니 성품의 고향일세. 오묘한 본체가 해맑아서 머무는 바 없으니 산과 물과 대지 모든 것이 참모습을 보이네.

¤ **"무량공덕" 시리즈는 계속 간행됩니다.**

☆ 법보시용으로 다량주문시
　특별 할인해 드립니다.

☆ 원하시는 불경의 독송본이나
　사경본을 주문하시면 정성껏
　편집·제작하여 드립니다.

◆무비(如天 無比)스님

·전 조계종 교육원장
·범어사에서 여환스님을 은사로 출가
·해인사 강원 졸업
·해인사, 통도사 등 여러 선원에서 10여년 동안 안거
·통도사, 범어사 강주 역임
·조계종 종립 은해사 승가대학원장 역임
·탄허스님의 법맥을 이은 강백
·화엄경 완역 등 많은 집필과 법회 활동

▶저서와 역서
『금강경 강의』, 『보현행원품 강의』, 『화엄경』, 『예불문과 반야심경』,
『반야심경 사경』 외 다수.

무상법문집

초판 **7쇄** 발행일 · 2023년 4월 20일
초판 **7쇄** 펴낸날 · 2023년 4월 25일
편저 · 무비스님
펴낸이 · 이규인
펴낸곳 · 도서출판 窓
등록번호 · 제15-454호
등록일자 · 2004년 3월 25일

주소 · 서울특별시 마포구 대흥로4길 49, 1층(용강동, 월명빌딩)
전화 · 322-2686, 2687 / 팩시밀리 · 326-3218
e-mail · changbook1@hanmail.net
홈페이지 · http://www.changbook.co.kr

ISBN 89-7453-180-5 03220
정가 5,000원